AF 139028

DIE REISE II

LICHTE GEDICHTE

ANA FLOR

der Stern

Die Reise II

Lichte Gedichte

Ana Flor

Bibliografische Information der Deutschen National-bibliothek:

Die Deutsche Nationalbibliothek verzeichnet diese Publikation in der Deutschen Nationalbibliografie; detaillierte bibliografische Daten sind im Internet über dnb.d-nb.de abrufbar.

2. Auflage 2018

Copyright © 2015 Ana Flor

Umschlaggestaltung und Layout: Ana Flor

Fotos und Bilder: Ana Flor

Alle Rechte vorbehalten.

Das Werk darf – auch auszugsweise – nur mit Genehmigung der Autorin wiedergegeben werden.

Kontakt: poems@anaflor.de

www.anaflor.de

Herstellung und Verlag:

BoD – Books on Demand, Norderstedt

ISBN 978-3-738651393

Inhalt

LICHTWELTEN & STERNENTANZ

Vorwort

Das Schreiben begleitet mich seit dem 10ten Lebensjahr. Auslöser war ein Erlebnis im Alter von acht Jahren, als ich an einem frühen Sommermorgen im Zelt von einem ohrenbetäubenden Vogelkonzert erwachte. Vollkommen überwältigt griff ich zu meinem roten Taschenkalender, den ich gerade geschenkt bekommen hatte, und begann zu schreiben.

Dieser Band umfasst überwiegend neuere Gedichte, die ich mit beinahe ungeduldiger Begeisterung ins Leben gehoben habe.

Und wieder danke ich allen Menschen, die mich auf meinem Lebensweg begleiteten und begleiten von Herzen, denn sie alle haben auf ihre Weise zum Gelingen dieses Buches beigetragen.

Mögen Ihnen diese Gedichte auf allen Wegen gute und treue Begleiter sein!

Ana Flor, im November 2015

Für alle Reisenden

Du suchst im Außen,
doch findest im Innen.
Schau mit dem Herzen,
nicht mit den Sinnen.

„Das Universum ist engsternig.“

Lichtwelten
und
Sternentanz

*Wirke im Stillen
und es wird fließen.
Ohne Wollen
die Seele begießen.*

Hummel auf Blume (Jungfer im Grünen)

Ausatmen

Ganz allein nur dir vertrauen
und ganz auf dich alleine bauen.
In den blauen Himmel fliegen
und über alle Ängste siegen.
Vor allem nicht beirren lassen
und dann zuletzt dich selbst verpassen.
Lieber willst du bei dir bleiben
und dich an dir selber reiben.

Bist wieder mal bei dir Zuhaus,
und alle andern schickst du raus,
Der Besuch gilt dir allein,
hier im Seelensonnenschein.
Es ist viel zu lange her,
das Sein in deinem Seelenmeer.
Zuviel Außen, wenig Innen,
viel Gehetze, wie von Sinnen.

Jetzt jedoch atmest du aus
und genießt den Seelenschmaus
in vollen und in ganzen Zügen.
Schön, sich selber zu genügen!

Dich treiben lassen...

an warmen Barfußtagen,
ohne Sorgen, keine Fragen.
In Warmluftfreuden
endlos Blütenduft vergeuden.

Schwereloses Sommertreiben
mit dicken Honigkuchenscheiben
und Hängemattenbaumeln
in bunten Freudentaumeln.

Nicht mehr halten, einfach lassen
und Seelenglück erfassen.
Am Leben dich berauschen
und deinem Herzen lauschen.

Machst du diese Träume wahr,
bist endlich du, so ganz und gar?
Bereit, dir zu vertrauen
und das Neue aufzubauen?

Altes abzustreifen
und vertrauensvoll zu reifen?
Ja? Dann bist du wohl bereit
für Tausend Tropfen Ewigkeit.

Der erste Regen

Der erste Regen,
endlich auch das.
Der Frühling kommt,
wenn auch nass...
So Vieles geschieht
wie von allein.
Alles erblüht,
wäscht sich rein...

Regen als Symbol
für Lebenswille.
Das Leben wächst
in feuchtfroher Stille...

Sommerregen

Frangipani

Du fühlst es in allen Zellen,
die Wellen
werden lebhafter und vibrieren,
verzieren
den Horizont.

Es kribbelt und rührt sich,
es weckt und berührt dich
der Kuss der Meerjungfrau,
du weißt genau,
es ist Zeit aufzustehn,

zum Licht zu gehen.
Im Mangobaum
schläft ein Traum
von dir.

Pudrig-weißer Sand
rinnt durch deine Hand,
und deine Sinne lauschen
dem Meeresrauschen.

Dein Freund, der Walhai,
kommt vorbei.
Ahnungsvoll die Luft,
Frangipani-Duft.

Liebes, es wird Zeit.
Schnür' dein Bündel,
sei bereit
für die Reise
Richtung Leichtigkeit.

Keine Antworten.
Durchschreite die Pforten
deines Lebenshauses ins Freie
und empfange die Weihe
im Lebenswald.

Sie warten auf dich,
übrigens, auch ich.
Hier an der Quelle ist dein Zuhaus.
Ruh' dich aus

auf dem Feenmoos
und lass los,
werde groß und atme tief.
Hierher rief

dich deine Seele,
niemand sonst.
So ging es allen hier,
tauschten Angst gegen Licht
und folgten ihr.

Klangtropfen

klopfen an das herz

auf den seelengong

dong

ping ping

kling

becken des lebens

jazz

zikade des winters

dum diding

swing

Rave on (to Van Morrison)

rave on

river of life

rave on

strive

towards landscapes

of green

soulswing

sing

the song

of joy.

P.S.:

dweller on a threshold

find rivers of gold

in yourself

Gedankenleer

Die Gedanken werden leise.
Dein Blick schweift gedankenleer
über das Meer.
Bist weit weg
von Lärm und Dreck.

Bist bei dir,
im Hier und Jetzt.

Nichts und niemand hetzt,
und mit jedem Regenschleier
wird deine Seele frei und freier.
Schwebt sich selbst entgegen
im silberleichten Tropenregen.

Es gibt nichts zu tun

Es gibt nichts zu tun
außer zu sein.
Du zu werden
hier auf Erden.

Darum bist du hier
und wächst dir
entgegen.
Welch ein Segen.

Die Chance der
Körperlichkeit
in der
Vollkommenheit
des Alls.

Keinesfalls
eine leere, sondern
schwere, dichte Energie,
die uns erschafft

und sein lässt
wer wir schon immer
waren
seit Jahrmillionen Jahren.

Die Frucht

Dies ist die Frucht
eines langen Abends.
Vermeintlich
zu viele Worte,
denn Erkenntnis
folgt oft
zeitverzögert.

Es dauert,
bis wir in uns landen.
Viele Worte.
Viel Lärm um nichts
führt zur Stille.
Zur Quelle.
Zum Sein.

Schirmflügel

Wo ist der Weg?
Ende, Beginn?
Du lässt dich treiben,
schwebst dahin.
forcierst nichts und weißt,
so wird es nicht bleiben.

Schauen, sein und lassen.
Gedankenhäuser bauen.
Befreien vom Erfassen.
Auf das Leben vertrauen,
den freien Fall,
und schweben.

Ob Feder oder Stein,
du schwebfällst nicht allein.
Ob Aufprall oder Flug,
wagen ist genug,
und leben ohne klagen

streben ohne halten.
Schirmflügel entfalten.
Was ist egal.
Hauptsache Ankunft
im Seelental!

Lichtschwerthiebe

Die Nebel werden sich lichten,
Luft und Wasser sich klären.
Dort, wo alte Lasten gären
werden, wie die Alten berichten,

Lichtschwertklingen
morastiges Dunkel durchdringen,
den Lotus erwecken
und Geister verschrecken.

Denn letztlich siegt
immer die Liebe
- sei es auch
durch Lichtschwerthiebe!

Illusion

Du möchtest ruhig und besonnen
durch alle Tage schreiten,
dich weiten,
begleiten,
die Winde reiten
auf deinem weißen Pferd.
Du bist es dir wert,
dass du zügellos
groß
wirst,
dich
gebierst,
um die Erde
zu verlassen,
das All
zu erfassen
und Leere zu sein,
sinnfrei, allein.
Entfesselte Kraft,
die zügellos
das Gute schafft.
Sie darf sein,
ist fair und fein.
Alles Leben strebt zum Licht,
und das Dunkel -
nur Gemunkel.
Alles pure Illusion,
denn das Licht, es wartet schon...

Nordisches Sommerfeeling

Nordisches Sommerfeeling.
Wohlfühlpeeling für die Seele.
Sternencreme und Glücksextrakt,
Geistestee und Herzsmaragd.

Freudensalbe, Lachshampoo,
Frischluftkur kommt noch dazu.
Traumbalsam und Mutdragee,
Liebessaft und Dankestee.

Diese tollen Wundersachen
Lassen jeden wieder lachen ☺

Auch bittere Tropfen für Dämonen,
die in deinen Höhlen wohnen,
damit sie ins Licht entweichen.

Und aus den Zombis, alten Leichen
werden zauberhafte Lichtgestalten,
dir zu dienen, dich zu halten

im Lebensnetz aus Lichtsternbahnen,
um dich sanft zu deinen Ahnen,
vom Morgen in das Jetzt zu führen,
um dich endlich ganz zu spüren.

Alles ist perfekt verwoben,
innen wie außen, unten wie oben.
Wir sind alles und das Nichts,
und aus der Seelentiefe spricht's:

„*Lass das Halten, lös' dich auf,*
und lass dem Leben seinen Lauf.
Fließe, fliege, sei im Sinn,
und gib dich deiner Seele hin.

Sie führt dich zurück nach Haus,
sieht es auch nicht danach aus.
Sie macht niemals einen Fehler,
durchwandert klaglos tiefste Täler,

um dann im Seelensonnenschein
ganz einfach nur bei dir zu sein.
Freue dich auf deine Reise,
nimm behutsam, zart und leise
deine Zauberwanderschuh,

zieh sie an und bind sie zu.
Nimm den Stab, den Mut, die Kraft,
und dann geh auf Wanderschaft.
Sieh den hellen Pfad sich winden,
auf seiner Fährte wird sich finden,

was du bist, zu dir gehört.
Und was vergiftet, alt und stört.
Sammle, sortiere und wandre.
Sei der Fluss, mäandre
lächelnd durch die Lebenswelt.

Träume unterm Sternenzelt
und erwache an der Quelle.
An eben dieser Stelle,
aus der du gekommen bist

- und ruhe,
denn eine Pause ist der Futtertrog,
aus dem die Seele Hafer frisst.

Hier sind Ende und das Ziel.
Weder gar nichts noch ganz viel.
Hier dreht sich das Rad von vorn
und entspringt dem Samenkorn
erneut ein frisches Zauberleben.

In jeder Sekunde, jedem Moment,
wo dein Lebensfeuer brennt,
ist der rechte Augenblick
für den kleinen Zaubertrick.

Es braucht nur einen kleinen Funken,
um zu brennen, zu verglühen.
Tausend feine Funken sprühen
in das Lebensall, vergehen.

Und aus der grauen, kalten Asche
wird dein Phönix auferstehen.

Also glühe, sprühe, fließe,
wachse, keime, sprieße.
Lass dich froh ins Weltall treiben,
und wenn du willst,
kannst du auch bleiben.

Nenn es Quelle, Phönix, Sein.
Die Antwort weißt nur du allein.
Darin liegt der ganze Sinn.
Gib dich deiner Seele hin!

Up and down

Up and down,
forth and back,
in the mirror,
there's a crack.
Ohhh...

Bow my head
and take in breath.
there's no nothing,
there's no death.
Ahhh...

My dearest heart,
why hesitate,
just go ahead,
nothing to wait
for...

Just go ahead,
just dare to go,
as there is more
to flow
to...

Klares Licht

Nicht zögern, hadern, zaudern,
quatschen, labern, plaudern,
sondern in Stille vorwärts geh'n
und dabei stets nach innen seh'n.
Dich selbst ganz fest und klar im Blick,
das ist schon der ganze Trick.

Dich gar nicht beirren lassen,
und dein Ziel ins Auge fassen.
Mutigen Schrittes vorwärts geh'n
und dabei nur nach innen seh'n.
Das Außen spiegelt dich dabei,
lass' geschehen, lebe, sei!

Dieses gilt es zu erkennen.
Höre endlich auf zu rennen,
und lerne aus der Illusion.
Hör' auf Zeichen, jeden Ton.
Lass dich nicht täuschen noch verführen,
denn die Wahrheit kannst du spüren.

Vertraue auf dein klares Licht,
denn ein anderes gibt es nicht.
Das Außen ist dein Zwillingsblut.
Machst du deine Sache gut,
so wirst du es im Außen seh'n
und alle Zeichen stets versteh'n.

Herz

Wer sein Herz nicht versteht,

der wird rastlos,

rast durch die Welt wie ein Sturm,

erschüttert alles,

doch bewirkt nichts.

Herzen

Spätsommertag

Berauschender Spätsommertag.
Zauberstimmung.
Ich zerfließe in ihr.
Bin in ihr.
Sehe, verstehe, vergehe
und bin.
Und bin.
Im Vergehen liegt der Sinn.
Im Nichtverstehen die Lösung
des gordischen Knotens.
Im Lassen das Tun
Im Wegsehen das Erkennen.

Licht durchstrahlt den Verstand
Wind bringt Feenenergie.
Durchflutet Zellen und Gehirn.
Erfrischt.
Durchströmt.

Übergieße mich mit der
feigenfrischen Sahne des Erkennens.
Löffle den Dal des Verstehens,
und erkenne mich in der roten Linse.
Kardamom, Ingwer, Kumin und Safran
sind meine Verwandten.
Tragen mich in ihrer Sänfte zur Lichtfee
und reichen mir das Buch des Tao.

Mango-Mambo

Verstehe durch Nichtdenken
und bin durch Sterben.
Vergehe durch Leben
und erblühe durch Stille.

Rosenwasser heißt mein Bett
und Haferflocke meine Decke.
Warmes Wasser durchflutet meine Träume
und Mangosaft mein Lachen.

Lass' das Leben saftig tropfen
und lecke mir die süßen Lippen
nach jedem neuen Bissen.
Ströme, fließe und vergehe.

Herbstlaublichtrauschen

Im Fließen sein
Im Sein fließen
Mich mit dem Hier und Jetzt verbinden
Und im Lächeln finden.

Im Lebensfluss dem Genuss hingeben
Und leben
Herbstlaublicht zur Seele spricht
Goldene Lebensfäden und Blätterrauschen

Im nordischen Himmelsblau
Kramermarktsorgeltöne fliegen durch den Wind
Vermischen sich mit dem Herbstblattrauschen

Leise klimperndes Glasmobilé
Bunte Lichtfunken versprühend
Klare Luft weitet die Lungenflügel

Die erbeben, sich langsam erheben
Mir Auftrieb verleihen
Und inneren Frieden
Im Sein

Jump!

Das Leben ist ein Flüsterfließen,
ein Seelebegießen,
- wenn wir es ließen!

Spring in den Fluss
und lass dich ein
aufs Beidirsein.

Spring endlich
und finde mich,
denn du bist ich!

7 x 7

Du bist dabei, dich selbst zu finden,
dich mit dem Selbst neu zu verbinden.
Alle Karten neu gemischt
und reinen Rotwein aufgetischt.

Tausend neue Wege
über frisch gebaute Stege.
Millionenfacher Hauptgewinn.
Du heut hier. Oberwahnsinn.

Ein paar Flecken hier und da,
in deinem Leben, da geschah
eine ganze große Menge.

Sortieren dauert seine Zeit
und ist doch in Wirklichkeit
nichts als pure Illusion.

In Wirklichkeit bist du schon
bei dir Zuhause angekommen
und tief in dich hineingeschwommen.
Der Rest ist Außen, Makulatur.

Du ziehst dich aus, bist rein und pur.
So manche Hülle streifst du ab,
und – ach, was red ich, papperlapapp
– du bist ein großes Mosaik,

très compliqué et fantastique.
Ein Puzzle mit Millionen Teilen.
Jedes Teil heißt wachsen, heilen.
So machst du dich selber heil,

puzzelst, fügst, alldieweil
das Leben seine Bahnen zieht,
dich betrachtet, neckt und sieht,
dass alles gut ist, wie es ist

und sagt: „Hauptsache Du bist
G L Ü C K L I C H!"

Hier und Jetzt II

Im Hier und Jetzt zufrieden sein.
Mit anderen und auch allein.
Nicht immer, doch so oft es geht.
Auch wenn man sich im Wege steht.

Vergangen heißt: Aus und vorbei!
Was morgen wird ist einerlei.
Denn nur das Heute kannst du fassen.
Gestern, Morgen: ruhen lassen.

In der Übung liegt der Schlüssel
zur entleerten Kopfraumschüssel.
So gewinnst du Raum und Platz
für dein Sein, den größten Schatz!

Lebenskochrezept

Dich zu weiten und zu heben
ins freudenvolle Erdenleben.
Dich mit Liebe zu verwöhnen,
und dem Dasein friedlich frönen.

Dein Lebensglück verschenken,
und andere bedenken
mit friedvollen Gedanken.
Und Lebensfreude tanken
mit jedem Atemzug.
Sich selbst genug
sein ist das Ziel.

Denn weniger ist mehr als viel,
zu sein ist mehr als wollen.
Und von den vielen tollen
Sachen ganz bewusst
bestimmte machen,
z. B. ganz viel lachen ...

Statt zu fassen
friedlich lassen.
Ausatmen und sein,
in Gemeinschaft und allein.

Dies ist mein Lebenskochrezept,
mit Licht garniert und aufgepeppt
mit rotem Liebeselixier,
Schleife drum,
so schenk ich's dir!

Bittstellung ans Universum

Universum, wir bitten dich
um Unterstützung.
Hilf uns, uns zu befreien
und unsere Schwingen auszubreiten,
um im weiten Endlosblau
unsere Runden zu drehen.

Bei uns zu weilen
und somit im Alleins.
Denn unser ist euer,
und euer ist alles,
und alles ist nichts.

Noch sind wir blind.
Nur ein Kind vermag zu sehen.
Gib uns den Zauber der Unschuld,
um zu verstehen.

Meer

Gischtsprühende Woge der Freiheit.
Duftender Atem der Weite.
Ich trage dich tief in mir.

Barfuss,
die Arme weit,

laufe ich deinen Saum entlang,
küsse deine Füße.
Heilende Schwester.

Schreibendes Sein im Bett

Gedankenerfüllt und lichtdurchströmt.
Ein Schwall Gedankenlicht
bricht sich Bahn und füllt mich auf.
Lichtdurchströmte Bilderwelten in edle
Sonntagsschokolade gehüllt.

Einer dieser verzückenden Augenblicke,
in denen der Frühlingswind
sanft über mein Bett nahe
dem Himmel streicht.
Himmelbett.

Hier sitze ich, in wärmende
Gedankendecken gehüllt,
und begegne mir selbst.
Dem Himmel nah.
Gedankenlicht.

Der Zauber

Wie kann man nur so weit
von sich weg fliegen
und doch wieder
so sanft in sich
landen?

Welcher Zauber
hat diese Macht?
Es kann nur einen geben,
der über alle anderen wacht:
Die Liebe.

camaleão

Das große Ausatmen

Das Leben wird nun langsam wieder
zu einem großen Ausatmen
und lässt die Kneifzangen weg.
Schraubstock und Maßband,
Vorschlaghammer und Gummimanschetten
wandern zurück in die Werkzeugkiste,
werden verschlossen und warten auf einen
nächsten Einsatz am Sankt Nimmerleinstag.

Deine Uhr geht nun wieder nach dem Mond,
deine Stimme wandert in die Flüstertüte,
und der Lernzirkel wird zum Circle Game.
Lebensspiralen winden sich
wie schwarzäugige Susannen
um deinen Körper, duften nach Heu,
Jasmin und Unendlichkeit.

Lilafarbene Blütentrauben des Jacaranda
durchweben dein Haar,
und durch die Adern fließt reines Quellwasser.
Leise wiegt dich die Lebensschaukel
in ihrem Arm.
Behutsam, sanft und zärtlich.
Der Nachklang des Kusses der Sternenfee
auf deiner Stirn lässt dich friedlich lächeln.

Du dehnst dich aus -

weit - weit - w e i t e r
bis an die Grenzen des Nirgendwo
und durchschreitest dort die Tür
zu deinem blauen Tempel.
Wieder Zuhause.
Bei dir.

Sonntagsfließen

Im trägen Sonntagsfluss gelassen dahin strömen,
ganz dem Rauschen der Bäume ergeben.
Himmelsblau pulsiert durch die Adern
und erfrischt die Lebensgeister.
Begeisterung ob des Seins.
Intensiv das Leben spüren.

Sanft streicht der Wind über die Seiten
des Lebensbuches
und blättert verspielt darin umher.
Leise erklingen dazu die Saiten der Seelenlaute.
Die alte Weise von Werden, Sein
und Vergehen.

Klebe diesen wunderbaren Moment
mit dickem Freudenkleber in dein Buch,
lächle und sei.

Dich genießen

Dich genießen statt
dich ständig zu vergießen
in fremde Lebenstöpfe
und einzutauchen
in die Köpfe
anderer.

Eine Lieblingsdisziplin,
die dich Zeit und Nerven kostet.
Und währenddessen rostet
es ein, DEIN
Lebensrad.
NEIN!

Longing for Belonging

Den Beschleunigungsmotor
entschleunigen,
und den Rotor
einfach ausstellen.
Sinnesschmelzen.
Sich eintakten
in den Wiegeschritt
des Lebens.

Barfuß,
Eis schleckend,
die Straße entlang schlendern
und das tiefe Himmelblau
einsaugen.
Schaukelnde Rosen im
nordischen Sommerwind.
Die Küste ist nah.

Uferlos

Du könntest, aber du musst nicht.
Auf einmal wird alles lichter
und leichter, weiten sich
die engen (Gedanken)Räume
und haben deine Träume
wieder Platz. Ratzfatz
aufgeräumt.

Tabula rasa. Nichts mehr. Nada.
Du bist wieder Herrin im Haus
und hast raus-
geschmissen,
was dich einengt
und beschissen
fühlen lässt.

Endlich die ausgedörrte Seele
durchnässt, aufgeweicht
bis auf die Knochen.
Lässt dich durchströmen
und uferlos dahintreiben.
Keinem anderen Ufer entgegen
als dir selbst!

Bist dein eigenes Ufer los.

Spätsommersonne (wechselnde Jahre)

Warm durchglühte Tage.
Apfelreifes Schwelgen.
Die Kreuzspinne vor
dem Badezimmerfenster
wird dicker und dicker.
Fette Beute ist der Grund.
Kugelrund hängt sie
in ihrem perfekten Netz.

Unterdessen radeln Freunde
ihrer Freiheit entgegen
auf sonnendurchfluteter Urlaubsinsel.
Mittelmeerträume.
In türkis durchglühter Unendlichkeit
weiten sich alle Räume.
Flaschengrünes Meer
und Rotweinpralle Abende.

In mir glüht der Spätsommer.
Wechsel steht bevor.
Reifende Äpfel bedeuten
Abschied UND Ernte.
So pflücke ich mich
vom Baum des Tuns
und verpflanze mich
in den Garten des Seins.

Herbstritt

Weite, von gelb-braun-orange-roten
Laubflecken
durchkleckste Landschaft.

Ich rausche durch dieses wunderbare
Aquarell aus
tiefem Himmelsblau.

Meine grüne Seele atmet
die Luft tief
in ihre Seelenflügel.

Vor Lust geblähte Nüstern
bringen das braune Fell
zum Glänzen.

WeltenWaldMeer

Wo Wald und Meer sich still begegnen
und Wasser über Moospolster rinnt.
Wo Blumen bunt vom Himmel regnen
und das Herz zu blühen beginnt.

Dort liegt wilder Zauber verborgen,
tief zwischen den Wurzeln und Bäumen.
Dort ist kein Wollen und kein Sorgen,
nur die Landschaft, gewebt aus Träumen.

Wo Feen tanzen im Sternenlicht
und die Steine sich sanft berühren.
Wo Liebe jeden Zeitenbann bricht,
ja, dorthin möcht' ich Dich führen!

Weltenwellengang

So wirst du weiter wandeln,
mehr sein als handeln.
Wach und mutig zu dir steh'n
und weiter deiner Wege geh'n.
Freundlich, still und schauend,
auf edle Werte bauend.
Dem Licht in dir vertrauend
und Morgenröte atmend
im Weltenwellengang.

Irgendwann wird die Reise enden
und du im Universum sein.
Goodbye zu Mauern, Zäunen, Wänden.
Es wird ein Tanz – wild, aber fein!
Du wirst wilde Funken sprühen
und mit den Sternen jonglieren.
Im eigenen Licht erglühen,
dich ganz im Alleins verlieren,
alles und nichts, das Paradoxon sein.

blumeninsel

Schaue nach innen
und nicht wie von sinnen
nach außen

liebe die stille
und lass wille
wollen, streben

übe das sein
und lass dich ein
auf dich

akzeptiere was ist
denn dann vergisst
du alles

sei einfach du
und schau zu
wie du erblühst

wachse und glühe
und sprühe
lichtfunken

geh deinen weg
und bau einen steg
zu deiner blumeninsel

dort sitze und sei
du und frei
von allen zwängen

atme ein und aus
und komm nach haus
um zu sein

blumenfroh

wächst dir entgegen
und lebst dein
blumenfrohes Leben
auch in
Wolkengrau und Sonnenferne
blüht dein Seelengarten
in den leuchtendsten Farben.

Fröhlich plätschert
deine Quelle
und dein Seelensee
ist tief und klar.
In deinem Hain
ruhst du im kühlenden Schatten
kühner Bäume
und träumst dich
ins Leben.

Du wächst dir entgegen.
Stück für Stück.
Welch ein Glück!

rosigfrischer Morgen

Die Lungenflügel weiten
und erheben sich
in die blauen Lüfte,
den Frühling zu begrüßen.
Mit bloßen Füßen
und nackter Seele.
Auch aus ihr
sprießt das Grün.

Auf zu neuen Ufern
segeln deine Gedanken
und verlassen die Schranken
enger Gedankengänge.
Licht bricht den Bann
und das Blau
sich im Tau
des rosigfrischen Morgens.

Frühlingswiegeschritt

Du sammelst dich und deine Gedankenblüten,
die in wunderbar farbenfrohem Kunterbunt
rund um dich her weit verstreut sind.
Ein Blumenmeer aus knospenden
Wortspielschösslingen.

Du ergießt dich in deinen
kristallklaren Märzenbecher
und schenkst der Welt dein schönstes Lächeln.
Im Sonnenlicht badend vertreibst du die letzten
dunklen Flecken auf deinem Seelensee.

Schwäne gleiten grazil über ihn hinweg,
und die Sonne verjagt auch den letzten Fitzel
grauer Ödnis aus dem Finsterwald.
Keimend-zwitscherndes Leben sprießt und klingt
aus allen moosgepolsterten Frühlingsnischen,

aus jeder Vogelkehle, jeder Rinde, jedem Stein.
Die Seele swingt im Frühlingswiegeschritt
und lässt ihr goldenes Gewand erstrahlen.
Vertreibt die fahlen Winterfarben
und leuchtet der Welt mächtig heim.

Beim Seelenwandern erkennt jeder den andern
und grüßt mit federleichtem Lächeln.
Wir sind mit allem verwandt,
uns führt eine gemeinsame Hand
durch das weite Universum.

Drum lächle und sei leicht.
Denn das Leben hier gleicht
in der Tat einer Illusion.
Das wusstest du auch schon,
lange bevor das Wort erfunden wurde.

Nun erfinde dich neu und erfreu dich
an all den verwandten Seelen.
Lass uns schweben
zum Himmelsblau und leben!
Du weißt genau, wie das geht.

Es steht in deinem Lebensbuch.
Suche nicht, du hast es längst in dir.
Glaube mir,
frier nicht länger im Schatten.
Davon hatten wir alle mehr als genug.

Ergreife den Krug mit erfrischendem Wasser
und ergieße dich in deine Seelenvase.
Nichts ist wirklich. Wir schweben alle
in unserer eigenen Blase
durch das Weltendickicht

und singen unsre Lieder.
Ob Specht, Spatz, Habicht
ist dabei völlig egal.
Der Blickwinkel macht's.
Die Wahl ist ganz bei dir.

Lass den Gedankenschmalz.
Freude heißt das Salz in der Lebenssuppe.
Und jede schneebedeckte Kuppe
ist ein neuer Genuss im Fluss des Seins.
Steig hinauf und nimm in Kauf,

dass du den Gipfel atemlos erreichst.
Nichts ist schöner. Nur das Schaukeln
im Wipfel deines Lieblingsbaumes.
Dort zu Schlummern im friedlichen Atem
deines Traumes hat eine ebensolche Magie.

Es gibt viele Wege zu dir
wie du siehst.
Hauptsache, du fliehst
nicht vor ihnen,
sondern erstürmst deine Gipfel

auf deine Weise.
Denn auch das lauteste Geschrei
wird l e i s e
in schwindelhoher Alleinigkeit
mit dir!

Frühlingswiegeschritt

Grünendes Wachsen

In der ergrünenden Esche
singt die Amsel ihr Lied.
Die Nachbarin wäscht ihre Wäsche,
was da wohl sonst noch geschieht.

Der Frühling ist nun gekommen
ins kühle nordische Land.
Du hast dir viel vorgenommen,
nimmst dich jetzt selbst an die Hand.

Du möchtest ins Grün dich ergießen,
in sonnendurchfluteter Pracht.
Einfach das Wachsen genießen,
auch in tiefdunkelster Nacht.

Möge dir dieses gelingen,
im Sein und nicht im Tun.
Möge dein Seelenlied klingen
und grünendes Wachsen nie ruh'n.

Loslassen

Loslassen.
Die Leere umfassen.
Die Leere ist Alles.
Alles ist Nichts.
Nichts ist Illusion.
Illusion ist Fülle.
Fülle ist Liebe.
Liebe ist Licht.
Licht ist Glück.
Glück ist immerwährend.

The green door

Elfenflüstern

Da wirst du dich also mit Lockerheit
und Freude in das Leben schmeißen
und viel mehr vertrauen in das gute Gelingen
und dich nicht wieder abbringen lassen.
Kaum zu fassen, dieses Mit-Dir-Selber-Ringen
- oder anderen Dingen...
Dabei kann alles einfach sein und leicht,
da das Leben im Grunde einer Feder gleicht,
die dich trägt, dir ihre Leichtheit reicht,
um selber sanft zu gleiten und auf
federleichten Füßen sanft dahin zu schreiten.
Im Wiegeschritt des Lebenswalzers
geht es sich am besten.
Also die dicken, festen Schuhe
weggeworfen und barfüßig dahin getanzt.
Federleichte Nacktheit
und zum Geleit ein Blumenmeer,
in dem es sich duftbaden lässt,
wann immer es pressiert.
Nichts passiert ohne Grund, und der
vermeintlich alles verschlingende Schlund
des Lebens ist nur dem eigenen
Lebenshunger geschuldet.
Er schließt sich, hörst du auf zu wollen.
Im eigenen Tempel warten die übervollen

Schatzkammern auf die Leere und
geben sich die Ehre,
dir zu dienen und sich zu verschwenden.
Ein nicht enden wollender Guss
aus goldenem Licht will sich
über dich ergießen - welch ein Genuss! - und
deine Wachstumsknospen sprießen lassen.
Nur du bist es (mal wieder), die nicht zulässt,
dass dich das Licht erreichen kann.
Wie auch, stehst du doch im Schattenbann.
Also raus aus der Gruft
an die frische Luft.
Ein paar tiefe Atemzüge reichen schon,
tun dem Wachstum voll genüge,
das sich nun in Bewegung setzt und
dich benetzt mit lauter kleinen Lichterperlen.
Umtanzt von kleinen Elfen,
die helfen, dich in deinen Garten zu tragen
und dir zuflüstern:

Traue Dich zu wachsen,
alles ist bereitet
und Du weißt es.
Wie heißt es:
Ich trage den Garten der Welt in mir
und wachse ihm entgegen.

Explosion

Regen schwitzt das Schlechte aus
und pisst uns auf den Kopf.
Hättest du das gedacht?
Oder haben wir alle damit gerechnet?
Mutter Erde ist zum Kotzen.

Wolken vernebeln dir die Sicht.
und dir ist elend zumute.
Dein Kopf fährt Karussell.
Du wechselst die Perspektive.
Gar nicht so schlecht.

Kühler Wind lässt dich klar denken.
Langsam nimmst du Fahrt auf,
segelst dem Horizont entgegen
und lässt die törichten Gedanken zurück.
Vor dir öffnen sich neue Welten.

Die Antwort

Bei dir ist es am Schönsten.
Du liebst dich.
Du besuchst dich gern.
Sehr gern.
Super gern.
Am liebsten dich.
Ehrlich.
Du liebst dich.
Hihi.

Ob du allein sein kannst?
Wie schon gesagt,
das kannst du am besten.
Aber du teilst auch sehr gern.
Ja, in der Tat, du bist ein

Mitteil- und Allesteilmensch.
Schöne Gemeinschaft ist wie ein Flug
mit elf anderen Schwänen
am sternendurchfluteten Himmelszelt.
Ihr schnattert und lacht und fliegt.
Die Luft ist frisch, so frisch.
Ihr fliegt, schwebt, gleitet.
So ist Gemeinschaft.
Schöne Gemeinschaft.

Momentan bist du unbequem.
Wirst es wohl bleiben.
Du sagst nämlich was du denkst.
Aber in Liebe.
Du hälst nun deinen Mund nicht mehr.
Immer dieses Hintenrum.
Klarheit. Offenheit. Ehrlichkeit.
So heißen die Tugenden.
Ja, die Wahrheit ist oft unbequem.

Gerade ent-täuscht du wie ein Weltmeister.
Du kennst sie, die vielen Wortwaffen.
Und die Wortaffen noch besser.
Hattest immer Angst vor Kritik.
Hast dich geduckt,
wurdest innerlich kleiner. Schrumpftest.
Nun wächst du!
Manchmal bist du riesig
und stößt dir den Kopf am Hausgiebel.
Aua, hihi.

Nein, du bist nicht gefällig.
Nein, du sagst nicht: „Ach wie schön,
ist ja interessant,"
nickst und denkst an was anderes.
Nein, du sagst freundlich:
„Ehrlich gesagt, ich weiß darüber gar nichts.
Mich beschäftigt anderes mehr, sorry."
Dann bist du still,
gehst und schließt friedlich die Tür.

Du genießt es unendlich, unendlich,
endlich zu dir nach Hause zu reisen.
Du bist so gern bei dir.
Doch auch mit dem,
den du einlädst, mit dir zu sein.

Komm, komm, so wie du bist!

Azaleenduft (Die Erkenntnis)

Durch die sanftmilde Abendluft
schwebt lilaschwerer Fliederduft.
Unvermittelt ein Kindheitsbild.
Wie ich als Kind so froh und wild

durch den bunten Garten streifte.
Alles grünte, blühte, reifte.
Unbefangene Kinderwelt,
die sich in meinem Innern hält.

Ein Duft wiegt mehr als die andern,
und meine Gedanken wandern
zurück zu den frohen Tagen
ohne quälend graue Fragen.

Wo nur das Kinderstaunen zählt
und kaum ein Muss die Seele quält.
Dort stehe ich im Blütenmeer.
Es ist so bunt und duftet schwer

nach orangegelben Azaleen.
Die Düfte ihrer Blüten verweh'n
durchdringend mit dem lauen Wind.
Und glücklich riecht das stille Kind

an jedem bunten Blütenkelch.
Denke ich an diese Zeit, welch
Wohlgefühl will mich erfassen.
Alle meine Sorgen lassen

mich nun mit einem Male frei.
Es ist tatsächlich so als sei
ich durch den Blütenduft befreit
und atmete mich friedlich weit.

Das Glück froher Kinderstunden
verschmolz in frühlingslauer Luft
mit mildem Azaleenduft,
hat mich nun erneut gefunden,

gipfelt in blumiger Süße.
Dieser Duft bringt Kindheitsgrüße
und mir den wild-frohen Frieden.
Dem Azaleenduft sei Dank!

Schneestille

In Wäldern und Wiesen ringsumher
herrscht Schneestille
ich treibe
auf dem weiten, weißen Flockenmeer
- lautlos

In Augen und Herzen verbreitet
sich Schneetreiben
ich stehe
alle Sinne froh und geweitet
- erwartungslos

In Sternensee und Weltall vollzieht
sich der Schneetanz
ich fliege
während die Wandlung wärmend geschieht
- furchtlos

In Blumen und Bäumen erblüht
bunter Frühling
ich fühle
wie in mir das Wachstum erglüht
- endlos

Das Blütenblatt

In milchigweißer Freude
schwebt das blaue Blütenblatt

durch den Funkensog
des neuen Morgens.

Schimmerndes Abbild
der Blütenseele.

Blütenmeer

Seelenbad

Funkensprühende Flut.
Knisterndes Wohlsein.
Flammende Lebenswärme.
Die Seele nimmt ein Bad.

Strahlende Freudenglut.
Schmeichelnder Glitzerschaum.
Erhebende Beglückung.
Seelenbad.

Tiefweiße Nacht

In tiefweißer Nacht
schweigen die Gedanken.
Werden leise.

In freudiger Stille
umarmen sie das Herz.
Werden sanft.

In erhabener Aufmerksamkeit
begleiten sie den Geist.
Werden wach.

In erwartungsfrohem Gleichklang
fliegen sie gen Himmel.
Werden wahr.

Tosende Meeresflut

Tosende
Meeresflut
erweckt
die
Glut
des
Schweigens.

Erfrischendes
Sein
erglüht
im
Schein
des
Gleichklangs.

Lebensfunken

Weißt dich zu nähren, halten, weiten,
musst dein Leben nicht bestreiten.
Vertraust dich ganz dem Leben an
und weißt, dass nichts dich engen kann.

Du fließt mit dir und gibst
dich hin, vertraust und liebst.
Und ziehst in kreisenden Bahnen
mit dir und allen Ahnen
dem goldenen Morgen entgegen
im Sternenschnuppenregen.

Und dazwischen ist das Hier,
der Ankerpunkt ganz tief in dir.
So lass' nun los und alles treiben,
ohne stoßen, ziehen, reiben.

Sanft und weich wie Blütenstaub
spielst du mit dem feinen Laub
des grünen Lebensbaumes
als Schöpferin des Lebenstraumes.

Das Motto:
Wachsen, gedeihen und blüh'n,
goldne Lebensfunken sprüh'n!

Im Land der schwarzen Bäume

Im Land der schwarzen Bäume
verfärben sich die Träume.
werden blass, aschgrau und fahl,
lebensfern und Lebensqual.

Wo Farbe Leben bringen soll
frisst sich Schwärze fett und voll.
Eine drohenddunkle Macht,
die dafür sorgt, dass niemand lacht.

Und wehe, wenn dies doch geschieht,
dann schimpft sie, schmettert laut ihr Lied
von Wehmut, Furcht und Traurigkeit,
zum Angriff jederzeit bereit.

Im Land der schwarzen Bäume
schwitzt der Sommer Fäulnis aus
und fegt sie alle aus dem Haus,
die schönen, bunten Träume.

Doch Träume kennen jede Lücke
und gegen Schwärze manche Tücke.
So bringen Lachen, Lebensglut
sie in brennend rote Wut.

Das Rot wandelt das Schwarz in Licht,
in dem sich grünes Wachsen bricht.
Alles Dunkel spült es fort
und macht das Land zum Lichterort.

Fluten des Guten

Ihr Guten:
Überspült mit euren Fluten
alles Schlechte,
die Knechte
der Unterwelt
und stellt
die Ordnung wieder her.

Kommt übers Meer.
Leert Kübel
voll Übel
und entfacht
bei Nacht
die Freudenfluten
des Guten.

Versuche nicht

Versuche nicht zu ver – stehen.

Lasse einfach ge – schehen.

the green fence

Für Michael

Dich nicht vergleichen,
nur dir selber reichen.
So, wie du bist, bist du gut.
Nur Mut, nur Mut.

Deine Kerze brennt hell genug
und Vieles hier ist nur Betrug.
Lass dich nicht fangen
von dummen, bangen
Angstgedanken und Scheinbaren,
die nur den Schein wahren,
statt wirklich zu sein.

Du bist gut, so wie du bist.
Was du vermisst
ist nur die Liebe zu dir selbst.

Halte dich warm
in deinem Arm.
Gib dir Schutz
statt Seelenschmutz.
Du kannst mehr, wenn du nicht denkst
und still den Feenzauber fängst.

Lass es brennen,
dein helles Licht.
So, wie du bist, bist du gut.
Nur Mut, nur Mut.

Für Michael II

Häuptling großer Bär,
mach's Dir nicht zu schwer!
Tanze durch den Wald
und Du wirst sehen, bald
tanzen alle mit Dir mit,
wild befreit im Wiegeschritt.

Hauptsache ist, den Schritt zu tun
und sich DANACH erst auszuruhn.

Geschöpf

Sei endlich gut und lieb zu dir,
und leugne nicht,
dass du ein einzigartiges
Geschöpf bist.

Besonders.
Liebenswert.
Lobenswert.
Ein einzigartiges Kunstwerk.

Zeige es!
Lebe es!
Lebe dich!
Zeige dich!

Lebe dich!
Vertraue dir!
Sei du!
Lobe dich!

Führe dich!
Liebe dich!
Genieße dich
und sei einfach

das einzigartige
Geschöpf,
das du bist
und immer sein wirst.

Ohne Furcht, Scham, Aber.
Du bist gut, so wie du bist.
Und tief in deinem Innern
weißt du das auch.

Lebe dich, sonst wirst du gelebt!

Die alte Weide

In der wolkendunklen Nacht
hat uns
der Weidenmann bewacht.

Dicht an seinen Stamm geschmiegt
hat er uns
in den Schlaf gewiegt.

In seinen weisen Rindenfalten
hat er uns
lächelnd warm gehalten.

Tief im Blättergrün versteckt
hat er uns
morgens sanft geweckt.

Liebe Weide, sei gedankt,
du hast uns
wieder aufgetankt!

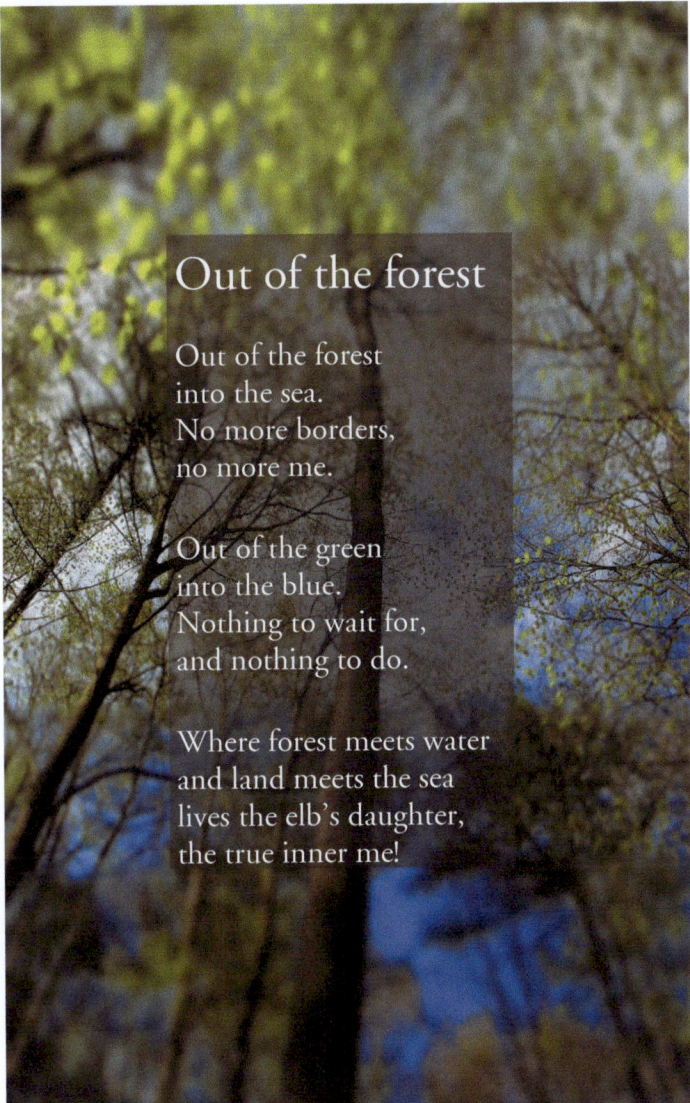

Out of the forest

Out of the forest
into the sea.
No more borders,
no more me.

Out of the green
into the blue.
Nothing to wait for,
and nothing to do.

Where forest meets water
and land meets the sea
lives the elb's daughter,
the true inner me!

Bildhauer und Schmetterling

Dein Leben in die eigene Hand nehmen
und es wie ein Bildhauer gestalten.
Dich ent-falten,
nicht auf-spalten.
Dich warm halten,
nicht erkalten.
Und allem Alten
neues Leben geben.

Auf zum fröhlichen Fliegen.
Schmetterlinge kriegen
keine Höhenangst,
kein Bauchweh.
Ihre Landung
ist immer
sanft und
weich.

In den verwirrendsten Momenten

Und in den verwirrendsten Momenten
kommt die Klärung.
Mutigen Schrittes das wahre Wort gesprochen,
losgelassen und vergessen.
Dies scheint das Geheimnis zu sein.
Beglückt erlebst du ein weiteres Mal
dieses Wunder und fliegst
dir entgegen,
durch den Regen,
das Wolkengrau,
ins Himmelsblau
und freust dir 'nen Ast.
Hattest du es doch fast
nicht glauben wollen.
Aber eben nur fast ☺
Life is a miracle.

Immer wieder geduldig sein

Dir ist sonderbar zumute.
So gar nicht wohl in deiner Haut.
Es stör'n dich die Außenstimmen,
das Gewusel und das Geschrei.

Du zweifelst – gibt es das Gute,
auf das all dein Vertrauen baut?
Musst du jetzt den Berg erklimmen?
Ist dann die Seele klar und frei?

Du fühlst dich suchend, ohne Ziel,
Es nagt etwas und bohrt und schmerzt.
Was will dir das alles sagen?
Du bist so voller Ungeduld!

Dir ist das Suchen grad' zu viel.
Die Antwort kommt, es wird gescherzt
mit den neuen alten Fragen.
Gerechtigkeit? Hat jemand Schuld?

Du wirst unruhig und auch sauer.
Die Suchende, auf Vision Quest.
Hörst die immer gleiche Antwort:
Gehe in dich und werde still.

Dein Verstand macht dich nicht schlauer.
Du bist's, die sich nicht wachsen lässt.
Nur im Tempel, dem Sternenort,
gibt es kein „ich kann" und „ich will."

Geduldig sitzen und lauschen,
bis du in deinem Zentrum bist.
Und dich ganz auf dich besinnen,
um durch die Stille hell zu sehn.

Du hörst Wasserfälle rauschen.
Erkennst die Stimmen und vergisst.
Stille Heilung kann beginnen,
denn nun kannst du den Sinn versteh'n.

Alles wird sich immer fügen,
wenn wir nur in die Stille geh'n.
Dann kann sich uns alles zeigen
und Licht am dunklen Ende sein.

Du musst warten, dich begnügen
mit Hören, Stillsein, Lauschen, Sehn.
So tanzt du den Lebensreigen
und kannst dich dann aus ihm befrei'n!

Was ich Dir wünsche

Ich wünsche Dir viel

Liebe, Lachen, Leben.
Wärme, Wachstum, Weitsicht.
Gesundes, Genüsse und Glück.
Neues, Naschen, das Nichts.
Fragen, Finden, Freude.
Sterne, Sonne und Sicht.
Dichten, Denken, Danken.
Hoffnung, Hiersein und Halt.
Atmen, Aufstehen, das All.
Einsicht, Einkehr, Elfen.
Pflanzen, Pausen - und Prost!

Sein

Genieße
dein ewiges Sein
im schaukelnden Rhythmus
der Zeitlosigkeit.

Befreit
von gelenktem Denken
fließe hinein in
deinen Quell.

Funkenflug

Sei so glücklich
wie eine Hummel
und brummel zufrieden
von Blüte zu Blüte.

Was wirklich zählt im Leben
sind Liebe, Achtsamkeit und Güte.

In allem lässt sich Gutes sehen,
verstehen musst du nur
die Spiegelwirkung.

Denn alles was uns
entgegen kommt
hat auch mit uns zu tun.

Was die Erkenntnis fördert
sind Stille, Einkehr, ruhn.

Nun auf mit dir,
flieg hoch und weit,
es ist Zeit
für deinen Funkenflug!

Gedankensumpf adé

Lass' guten Gedankenwind
dein Zimmer belüften
und den Mief geschwind
fortwehen.
Das wird leichter gehen
als du denkst.
Du verrenkst
dir viel zu sehr den Kopf.
Pack dich am Schopf
und zieh dich raus
aus dem Gedankensumpf,
du Schlumpf!
Das geht!

Weichensteller

Du läufst durch deinen Seelenwald
und fühlst dich wohlig rund.
Veränderung ist nun, nicht bald
und tut sich vielfach kund.

In allen Begebenheiten,
lichten Weggefährten,
begegnen sich alte Zeiten,
die schon immer währten,

doch nun erneut geboren sind.
Hör' das Elfenlachen,
Altes stirbt und Neues beginnt.
Gutes will erwachen.

Fliege los zu Deiner Blüte,
es ist Zeit zu siegen.
Übe Demut, Liebe, Güte,
zu springen, segeln und fliegen.

Die Lichtgefährten steh'n bereit,
dir dein Schwert zu reichen.
Nun endlich ist es an der Zeit,
stellen sich die Weichen.

Stille

Epilog

Großer Wandel ist im Vollzug
und es ist Zeit,
in die Stille zu gehen.

Stille. Dein Wille geschehe.
Ich wachse, bin und werde.
Vom Kopf bis an die Zehe.
Danke, Licht und Mutter Erde.

Rosenregen und Lindenduft

Rosen regnen in Blütenschauern
vom blauen Himmel in die grüne Seele.

Bienenschwärme umkreisen in leisem Fluge
die bunten Kelche der prallen Blüten.

Duftwolken schweben mild von
herzblättrigen Linden in die abendstille Luft.

Indischbynature

Heimatstrand

Du hast deinen Strand erreicht,
von grünem Meer umspült.
Die Seele schwebt so rosig leicht
dahin und nichts mehr fühlt

sich dunkel an, schwer oder kalt.
Du bist nun am Heimatstrand,
jetzt, nicht morgen oder bald,
und Zeit zerrinnt zu weißem Sand.

Du entsteigst den sanften Fluten
und atmest dich in neuer Zeit.
Es öffnen sich die lichten, guten
Flügeltore der Ewigkeit.

Wenn wir in uns gelandet sind,
fließt goldne Energie.
Wir werden wieder Sternenkind
und glücklich wie noch nie.

Schwebfliege mit Islandmohn

FSC
www.fsc.org

MIX

Papier aus ver-
antwortungsvollen
Quellen
Paper from
responsible sources

FSC® C105338